Zwei mit vier Beinen

Der EISHAGEL ist schlimm,
schlimmer als Regen.
Den EISHAGEL, den schlimmen,
wollen wir zerlegen.

Im EISHAGEL stecken zwei,
zwei mit vier Beinen.
Wollen wir sie streicheln?
Lieber nur den einen!

Josef Guggenmos

Zwei mit vier Beinen

Rätsel und Gedichte

Mit Bildern von
Rotraut Susanne Berner

BELTZ
& Gelberg

Josef Guggenmos, geboren 1922 in Irsee/Allgäu,
studierte Literaturgeschichte, Kunstgeschichte und Indologie.
Nach einem längeren Aufenthalt in Finnland lebt er heute als freier
Schriftsteller in seinem Geburtsort Irsee. Er wurde durch
Übersetzungen bekannt, noch mehr aber durch seine Lyrik. Seine
Gedichte für Kinder sind in mehreren Sammlungen erschienen und
dürften den wichtigsten Teil unserer heutigen Poesie für Kinder
ausmachen. Die Gedichtsammlung *Was denkt die Maus am Donnerstag?*
wurde mit dem Deutschen Jugendbuchpreis 1968 ausgezeichnet.

Rotraut Susanne Berner, geboren 1948 in Stuttgart, studierte Grafik in
München. Heute lebt und arbeitet sie als freie Künstlerin und Grafikerin
in Heidelberg. 1983 wurde sie mit dem Celestino-Piatti-Preis für
Buchgrafik ausgezeichnet. Für das Programm Beltz & Gelberg illustrierte
sie bereits mehrere Kinder- und Bilderbücher.

Redaktion Silvia Bartholl

Einige der vorliegenden Rätsel wurden im Kindermagazin
Der Bunte Hund vorabveröffentlicht.

Gullivers Bücher (70)
Originalausgabe
© 1990 Beltz Verlag, Weinheim und Basel
Programm Beltz & Gelberg, Weinheim
Alle Rechte vorbehalten
Reihenlayout und Einband von Wolfgang Rudelius
unter Verwendung einer Illustration von Rotraut Susanne Berner
Gesamtherstellung Druckhaus Beltz, 6944 Hemsbach
Printed in Germany
8.90.1
ISBN 3 407 78070 2

Diese Rätselsammlung enthält ganz leichte, weniger leichte und schwierige Rätsel. Da wird mit Namen und mit Jahreszeiten gespielt, Wörter werden auf den Kopf gestellt, Tiernamen gesucht und Buchstaben durcheinandergewirbelt. Selbst Geheimsprachen fehlen nicht.

Die einfachen Rätsel wurden an den Anfang gestellt, die schwierigen an den Schluß. Um die Lösung zu finden, muß man oft ganz schön um die Ecke denken. Aber vieles ist auch einfacher, als man zuerst vermutet. Lautes Lesen, Buchstabieren, Wörter umdrehen und rückwärts lesen, Reime finden – damit kommt man leicht weiter. In schwierigen Fällen zeigen Punkte an, wie viele Buchstaben das Lösungswort enthält. Und wo Wörter in Großbuchstaben gedruckt sind, sollte man besonders auf die einzelnen Buchstaben und Wortteile achten.

Rotraut Susanne Berner hat zu den meisten Rätselgedichten ein farbiges Bild gemalt. Ihre Zeichnungen verraten nicht einfach die Lösungen, aber sie helfen weiter. Es lohnt sich deshalb, genau hinzuschauen, auf Kleinigkeiten zu achten. Einige Bilder kann man auch drehen... Die Rätsellösungen finden sich am Schluß des Buches. Auf den Seiten 71 und 72 ist nachzulesen, ob man richtig geraten hat.

Viel Spaß!

Mit und ohne Pf

Der Feind warf eine L....
Sie traf zum Glück eine Pfl....

Wir verstecken uns voller E...
Die Feinde schossen Pfe...

Der Cowboy ging nach O....
und lehnte sich an einen Pfo....

Über die bebende E...
galoppierten fröhlich die Pfe...

Vier Eier schlug die A...
– klick-klatsch – in die Pfa...

Unsre Scheinwerfer gaben kein L....
Sie taten nicht ihre Pfl....

Der mit Blech beladene L.....
fuhr donnernd über das Pfl.....

Wem tut kein Zahn weh?

Heut hatte Arbeit, fast zuviel,
Tierzahnarzt Max Halifax.
Tiger, Zebra, Krokodil,
Bär, Hirsch, Frosch, Kalb, Fuchs
  und Dachs,
Nilpferd, Pony, Has und Reh
kamen an: »Ein Zahn tut weh!«

So riefen sie und klagten sehr.
Einer hat geschwindelt.
Wer???

Das Eisen,
das alte,
ziert roter
R...

Das Eis,
das kalte,
wächst leis
bei Fr...

9

Die Mi-

Die Mi- macht einen Buckel
und ist doch keine Miezekatz,
die Mi-, die Mi- schneeweiß.
Der Mi- wird es zu heiß!
Schnell, schnell, tu sie von ihrem Platz!

Der Kleinste

Es kommen zwölf gegangen
hintereinander her,
geführt von einem Langen.
Als zweiter kommt der Kleinste.
Sag mir: Wie heißt der?

10

Der dritte Mann

Erst waren nur zwei Jungen da,
die man im weißen Garten sah.
Nach einer Stunde waren's dann
zwei Jungen und ein dritter Mann.

Der Tilo sprach: »Ich gehe bald,
mir werden schon die Zehen kalt.«
Der Rainer rief: »Ich komm mit dir! –
Du aber, Dicker, du bleibst hier!«

Die beiden liefen in das Haus.
Der Mann, der dicke, der blieb drauß'.
Da wo er stand, da blieb er stehn;
dort war er tagelang zu sehn.

Suche!

Suche! Du entdeckst es bald
in der Stadt, im Tannenwald,
in den Alpen und im Tal.
Es liegt im Bach, liegt im Kanal.

Such in der Asche, in der Flamme,
in Pfanne, Kanne, Badewanne!
Im Kasten steckt es, in der Flasche,
im Faß und in der Manteltasche.

Die Schlange hat's und auch der Adler,
der Taxifahrer und der Radler.
Betrachte Nagel, Zange, Hammer,
besieh den Saal dir und die Kammer.

Ganz wie am Tag, in Glanz und Pracht,
entdeckst du's in der schwarzen Nacht.
Schau ihn dir an, den Maskenball,
doch denk auch ans uralte All.

Spaziergang zu zweit

Ein kleiner Mann,
dem sein Mut gut stand,
spazierte, bis er
eine Blome fand.
Die guckte er ap,
dann ging er fort
durch den grünen Walk
bis zum nächsten Ort.

Wer ging mit? Im Gedicht stehen vier falsche
Buchstaben. Die richtigen ergeben die Lösung.

13

Zehn und ein e dazu
steckten in einem Schuh.
Fünf waren sie im ganzen.
Sie blieben immer beisammen
beim Gehen, Stehen, Springen und Tanzen.

Von Beruf Krachmacher

Er badet nie (es geht auch so).
Treibt's ihn zur Arbeit fort? I wo!
Er macht nur Krach, und wie,
um sieben in der Früh.

Man packt ihn mit der Hand:
»Ich schmeiß dich an die Wand!«
Doch tut man's? Nein, man tut es nicht,
denn was er macht, ist seine Pflicht.

Die Zwillinge

Beides ist in meinem Haus,
eines schaut wie's andre aus.
Denken muß ich an den Schnee,
wenn ich diese beiden seh.
Und weil eins dem andern gleicht,
drum verwechselt man sie leicht.
Daher gilt es aufzupassen!

Eine Frau in Hintersassen
tat das Falsche in den Pudding –
oh, da gab's bei Tisch Grimassen!

Wer kam zu Besuch?

Am Sonntag,
als wir im Garten saßen,
Apfelsaft tranken
und Pflaumenkuchen aßen,
da blieben wir leider
nicht lange allein:
Lästige Gäste
stellten sich ein.

Ihr gelbes Kleid
zierten schwarze Ringe.
Ganz wild waren sie
auf die süßen Dinge.
»Verzieht euch!«
Sie ließen sich nicht vertreiben.
Doch sie zu ergreifen,
das ließen wir bleiben.

H und MEL
stell um UM,
dann brummelt eine ......
um dich herum.

Heute ist ...

In der Zeitung steht's geschrieben,
dick gedruckt und schwarz auf weiß,
und, es ist nicht übertrieben,
was da steht, das macht mich heiß:
In dem Kaufhaus hinterm Park
gibt es heute Geld zu kaufen,
für zehn Pfennig hundert Mark.
Auf, mein Freund, wir wollen laufen,
einen großen Haufen kaufen!

Geh nur, geh! Lauf, lauf, kauf ein!
Kauf für mich mit! – Doch ich will
dir was verraten: Heute ist
Erster .....!

Welch ein Glück

Ein Waschbär fand,
o welch ein Glück,
ein kleines weißes
Z..........!

Es roch so süß,
es roch so fein,
das muß ein
Leckerbissen sein!

Er wusch es im See –
und war verdutzt sehr.
Wo war das Z..........?
Die Hand war leer.

Schnell fragen! Schnell antworten!

Forelle, Flamingo, Fuchs, Fliege,
Frosch, Fledermaus, Ferkel, Floh, Fohlen:
Wem habe ich eine Feder gestohlen?

Silberne Kätzchen

Vielhundert Silberkätzchen
saßen – wie schön das war! –
auf den kahlen Zweigen
vor Ostern, früh im Jahr.

Die Silberkätzchen wurden
golden zur Osterzeit.
Die Goldnen bekamen Gäste –
die hörte man summen von weit.

Gewimmel

Es schweben in schönem Gewimmel
die Fl..... vom Winterhimmel.
Die S....., ganz unten trägst du sie
oft und oft, doch barfuß nie.

Die L....., sie hängen oben,
doch nicht bei allen Leuten.
Die Gl..... hängen viel höher noch.
Horch, wie schön sie läuten!

Dreh!

Den Pfannkuchen
dreh um, geh, geh!
Dreh schnell ihn um
auf dem – dreh DREH!

Wo?

Löwe, Ratte und Gnu,
Eichhörnchen, Katze, Fuchs, Kuh
tragen ihn. Wo? Hintendran.
Das Wort hat hinten ein z.
Wenn's das z hinten nicht hätt',
würd' aus dem Dingsda ein ......

Kennst du die Mutter?

Kennst du die Mutter,
der es gelingt,
daß sie mit ihrem Kind
acht Meter weit springt?

Und wie sie so fliegen
über Graben und Strauch,
guckt das Kind
aus dem Beutel vorm Bauch
und denkt:
Wenn ich groß bin,
kann ich das auch!

Eine, die fliegt

Nimm M und w
und L und w,
dazu zwei ö
und auch zwei e.

Aus diesen acht mach zwei:
eine, die fliegt mit Geschrei,
und einen, der brüllt so laut,
daß keiner sich hintraut.

Jeder an seinem Platz

Der linke steht rechts,
der rechte steht links.
Wie heißen die beiden?
Sag's oder sing's!

Die zwei,
das sei noch verraten,
sind kurz und dick geraten
und helfen bei vielen Taten.

Der rote ...

Sie waren gelb, blau, grün und rot,
die kugelrunden, die vier.
Sie tanzten lustig über uns,
und unten gingen wir.

Drei sind uns geblieben,
der gelbe, der blaue, der grüne,
aber der vierte, der rote,
das war der Kecke, der Kühne.

Er riß uns aus, er stieg empor,
er flog hoch am Himmel davon.
Er flog mit den Wolken, Gott weiß wohin,
der rote ...

Wollen wir kämpfen?

Die W..... sind gefährlich,
zum Kämpfen sind sie da.
Wollen wir kämpfen? Nein!
Wir stecken ein »l« hinein.
Jetzt haben wir W....l.,
die schmecken fein.

Sie geht und geht
und bleibt nicht stehn
seit vielen, vielen Tagen.
Zwar geht sie stets,
doch läßt sie sich
beständig von mir tragen.

Guten ....!

Vom APFEL ein Schnitz,
ein Stück PEPERONI,
ein Zipfel vom TITICACASEE
wünschen dir zu dritt:
GUTEN ....!

Feuer auf rundem Turm

Feuer auf rundem Turm.
Da kommt der große Wind,
da kommt der Sturm.

Der Wind, wo stammt er her?
Von einem Kind kommt er,
das schickt den Sturm.

Es bläst die ... aus.
Ein Wölklein, grau und kraus,
klettert zur Decke.

Ein Lö-

Es saß vor seiner Höhle
ein Dachs im Sonnenschein.
Er saß in aller Fröhlichkeit.
Links war ein Felsenstein.

Links drüben kam, o weh,
hinterm Fels hervor ein Lö-
(ein gelber Kopf), da kroch
der Dachs heim in sein Loch.

Der Mann im Schnee

Winter ist es. Draußen steht
einer, der nicht weitergeht.
Verlassen steht er dort im Schnee,
der dicke Mann. Geh zu ihm, geh
und sprich mit ihm! Sag: »Guten Tag!
Wie geht es Ihnen?« Oder frag:
»Wie spät ist es? Wo sind Sie her?
Wie heißen Sie? Liegt Bonn am Meer?
Wieviel ist drei mal drei und vier?
Was ist der Kürbis für ein Tier?«
Stelle ihm noch tausend Fragen –
keine Antwort wird er sagen.
Er bleibt stumm.
Nimm's nicht krumm.
Er weiß nicht einmal, wie's ihm geht,
der weiße Mann, der draußen steht.

Der Baum, der Strauch, das Buch

»Wir haben viele hm-hm«,
so prahlten Baum und Strauch.
Das Buch rief: »Donnerwetter,
was ihr habt, hab ich auch!«

Mit singenden Flügeln

Der Stolze mit dem langen Hals,
weiß ist er wie Schnee.
Mit schwarzen Füßen paddelt er
geruhsam auf dem See.

Wenn er geht, dann watschelt er.
Doch wozu soll er wandern?
Mit singenden Flügeln schwingt er sich
von einem Gewässer zum andern.

Meine Freundin

Ich will es euch sagen,
damit ihr es wißt,
was meine Freundin
am allerliebsten ißt:
Mäuse, Mäuse!

Meine Freundin ißt Mäuse.
Ja, darf sie das nicht?
Ja, ist das denn verboten?
Ärgert nur ja meine Freundin nicht –
sie hat Krallen in den Pfoten!

Sonne, Mond und Luftballon

Such's in Paris nicht, such's in Rom,
such es im Kloster, such's im Dom.
Im Krug steckt's nicht, doch steckt's im Topf,
nicht in der Kiste, doch im Kopf.

Hat es der Vater? Nein, der Sohn.
In Sonne, Mond und Luftballon
ist es versteckt. Es sitzt im Boot,
im Rosenstock, im Morgenrot.

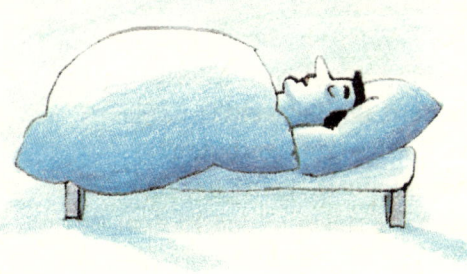

Was ist das für einer?

Was ist das für einer? Jetzt raten Sie mal,
geschätzter Herr Professor!
Man sieht ihn zwar manchmal am Tage,
jedoch wenn's dunkel ist,
sieht man ihn besser.

Naß gemacht!

Trocken ist sie so viel wert
wie ein Wagen, der nicht fährt,
wie ein Schuh, der dir nicht paßt,
wie die Nuß auf hohem Ast,
wie ein Brunnen, der nicht fließt,
wie ein Schlüssel, der nicht schließt.

Aber tüchtig naß gemacht,
verhilft sie dir zu neuer Pracht.

Wo hat ihn die Mutter geboren?

Wo hat ihn die Mutter geboren?
In einer Höhle im Schnee.
Wo die Eisberge treiben
fischt er in der eiskalten See.

Verschleppt zu uns, ist er traurig.
Dort, wo er leben mag,
herrscht im Winter das große Dunkel,
im Sommer der ewige Tag.

Der Mohn ist es, doch ist es auch
die Hagebutte am dornigen Strauch.
So schimmert im Kamin die Glut
und in Mensch und Tier das verborgene Blut.

Es ist kühl,
es ist kalt,
in der Sonne
wird's nicht alt.

Tausend Sommer
lebt es, wenn
was dazukommt,
nämlich »en«.

Der erste wimmelt
hernieder vom Himmel.
Bewegst du das zweite,
ertönt ein Gebimmel.

Wenn sich der erste
wieder verzieht,
zeigt sich das Ganze –
wie hübsch es blüht!

Am Waldrand

Als wir es heut am Waldrand sah'n,
da freuten wir uns sehr.
Da sahen wir … was sahen wir?
Lies von hinten HER!

Es haben ihn
Hund, Katz und Kuh,
Dachs, Hirsch, Maus, Wolf,
Fuchs, Känguruh.

Ihn trägt zur Zier
noch manches Tier
und auch das Teufelchen,
aber nicht wir.

Hättest du das auch gewußt?

Mit wiegenden Schritten wanderten sie,
ein braunes, stattliches Paar,
hinunter die lange Lindenallee,
Trampeltier und Dromedar.

Erhobenen Hauptes schritten sie,
Dromedar und Trampeltier,
als blickten sie fernen Oasen entgegen
in Wüsten, fern von hier.

Das eine trug einen Höcker als Zier,
das andre trug deren zwei.
Man sah ihnen nach, man fragte sich,
welches wohl welches sei.

»Das Dromedar, hat's einen, hat's zwei?
Du weißt doch alles genau!«
So wurde auch ein Herr Professor
gefragt von seiner Frau.

»Es hat ... Nein, es hat ... Wie ist das nur?«
sprach der gelehrte Mann.
»Es fällt mir nicht ein, doch ich weiß bestimmt,
ich hab es gewußt irgendwann.«

Drauf rief ein Junge, der dieses vernahm,
Till hieß er: »Der Fall ist doch klar:
Zwei Höcker hat das ...,
nur einen das ...!«

Wer schreit denn da?

Im grünen Laub ein grüner Fleck
ruft keck: »Käk, käk, käk, käk, käk, käk!«
»Der Schreihals«, spricht Frau Wimmerlein,
»ein Vogel kann das nimmer sein!«

Allerlei Tiere

Die Ka-
hat Haa-,
der Vo-
hat Fe-,
der Fi-
hat Flo-.
Das weißt du sowieso.

Der Wu-
ist gla-,
der I-
hat Sta-,
das Po-
hat einen Pe-,
damit's nicht friert im Schnee.

Und jetzt fällt mir noch ei-:
Streifen, schwarz und wei-,
hat im Zoo das Ze-.
Sonst weiß ich nichts me-.

Damit sich's reimt, sind die letzten
Wörter gestutzt. Wie lauten sie ganz?

Der kleine Mann

Ich kenne einen Mann,
der setzt sich nie, der legt sich nie.
Er steht sein Leben lang.

Der Mann, er ist ein kleiner.
Nur eins kann er, das kann er gut,
besser als unsereiner.

Im Beißen ist er Meister.
Daß es knackt, so beißt er.
Der kleine Mann, wie heißt er?

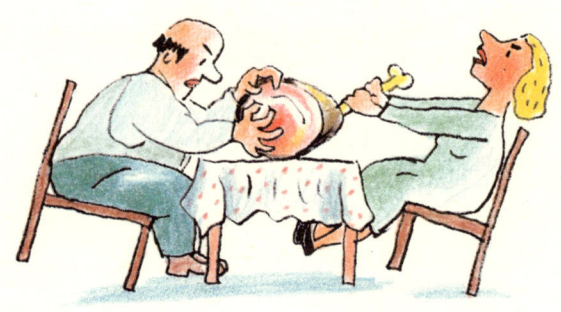

Wenn's Braten gibt,
nimmt jeder Esser
ein M zu sich:
Damit geht's besser.

Kennst du sie auch?

Ich:

 Du, Fliege, hör zu, wen ich seh:
 Dort im Zaun, in der Luft, mittendrinne,
 sitzt eine, die hat was im Sinne.
 Die hat im Sinne ein p.
 Ist das deine Freundin?

Fliege:

 Die??? Nee!!!

Ganz hinten hat's die Katze

Ganz hinten hat's die Katze.
Den Schwanz, den mein ich nicht.
Der Elch, der trägt es vorne –
dann, wenn man von ihm spricht.

Du Mensch, du hast es innen.
»O weh!« schrei und: »Juchhe!«
Dann kommt's von deinen Lippen.
Ruf: »Erde! Stern! Pferd! See!«

Die Uhr

Die Uhr, die schöne, alte,
die ich in Ehren halte,
zeigt mir die Zeit nicht mehr oft.
Aber zweimal am Tag tut sie's doch.
Wie schafft sie das nur, immer noch?

Wen stupst' ich an, wer fiel da um?

In langer Schlangenlinie
standen sie aufrecht da,
dicht einer hinterm andern.
Jetzt höre, was geschah!

Den ersten hab ich angestupst,
ganz leicht, gleich fiel er um,
fiel rückwärts auf den Hintermann,
der Hintermann fiel um.

So ging das fort, tack-tack-tack-tack,
so schnell man schauen kann,
tack-tack-tack-tack-tack-tack-tack-tack,
bis auf den letzten Mann.

Da liegen sie wie hingemäht –
nur einen Augenblick.
Schon stelle ich sie wieder auf,
alle achtundzwanzig Stück.

In einem Loche in der E-

In einem Loche in der E-
hausten Tierlein, schwarz und ge-.
Da kam daher ein frecher Ke-.
Der rief: »Jetzt ärgre ich die We-!«
und stach ins Loch mit einem Ste-.
Hui, brausten da aus ihrem Ne-
hervor die Tierlein, schwarz und ge-!
Der Kerl, der floh, doch hinterdre-
sausten die empörten We-
und stachen ihn, neun oder ze-.
»Nimmerme-«,
sprach der Ke-,
»stoch're ich mit einem Ste-
in ein Wespenne-!«

Damit sich's reimt, sind die letzten
Wörter gestutzt. Wie lauten sie ganz?

43

Geheimschrift

Wo tagt das deutsche
Parlament?
1 2 3 3
heißt die Stadt,
die jeder kennt.

Steck 1 und 2 noch mal hinein:
1 2 3 1 2 3.
Nach dieser kleinen Zauberei
wird's anstatt der Stadt am Rhein
jetzt etwas zum Lutschen sein.

Verwandlung

Schau her,
zwei Schlangen tauchen
mitten in das MEER.
Da wird das MEER mit einem Mal
zu dem Ding aus blankem Stahl,
das wir zum Schneiden brauchen.

Hurra!

Es ist von uns manchmal
nicht sehr gern gesehn.
Den Füßen, den Rädern
befiehlt es: Bleibt stehn!

Andersrum steht es
gut bewacht da.
Trifft einer hinein,
schreien viele: Hurra!

Setzt du, was einmal grün gewesen,
vors Pferd, wird dies ein grünes Wesen.
Dann wird es klein, doch springt es kühn
dort, wo die Wiesenblumen blühn.

Dingsda

Ich denke an was Bestimmtes,
wenn man's ins Wasser schmeißt, schwimmt es.
Dies Wesen aus nichts als aus Haut
kann nichts dafür, daß man's haut.

Kommt er geflogen, gerannt, gekrochen,
gleich wird er gefangen – was hat er verbrochen?
Was hat er verbrochen, der Dingsda draußen?
Gar nichts, schon darf er wieder sausen.

Beine hat er keine

Er kann nicht sein,
wo's uns gefällt –
er ist daheim
in andrer Welt.

Wo uns der Tod droht,
lebt er.
Ohne Flügel
schwebt er.

Beine
hat er keine,
und doch flitzt er munter
hin und her, hinauf, hinunter.

Spurlos verschwunden

Man nahm sie in die Hände
tagtäglich dreimal und mehr.
Liebte man sie so unbändig?
Sie aber, sie litt drunter sehr.

Spurlos verschwunden ist heute,
die einmal schön rundlich war.
Unter den Händen der Leute
schwand sie dahin ganz und gar.

Der letzte aus dem ABC,
drängt er von VORN
den ersten fort,
macht er daraus ein arges Wort.

Wer war da fleißig?

Späne flogen.
Wer war da fleißig
am Eichbaum hoch oben?
Wer hackte dort droben
ohne Messer und Meißel
in den Stamm eine Grube,
für die Kinder eine Stube?

Fasse ihn an seinem Ohr!

Weit offen steht sein großer Mund,
dieser Mund, so groß und rund.
Gieß irgendwas in ihn hinein,
Wasser oder andres auch:
Durch seinen Schlund
läuft es hinab –
jedoch es läuft
in keinen Bauch.
Nur durch den
Hals läuft es,
und aus
dem Hals
rinnt's
unten
wieder
raus.

Wir blickten nach ...

Wir drehten uns. Wir suchten was.
Wir hofften, daß wir's fänden.
Wir blickten nach OSÜWENOR
und auch nach STENDENSTENDEN.

Aus den beiden unbekannten Wörtern kannst du vier
Wörter zusammensetzen, die du gut kennst.

Ruzück!

Spegenster schuhen um die Gurb
im Schondmein, ihre Demhen wehn!
Der Kaldwauz schreit! – Wie bondersar!
Was sti da sol? Was sti schegehn?

Es stehn kervehrt am flaschen Paltz
Stuchbaben da und dort.
Wer hat's erbault? Scheuch sie
    schegwind
ruzück an ihren Ort!

Was ist da passiert?

Sie wirkte so friedlich. Sie war schneeweiß.
Erst war sie kalt, dann lau, dann heiß –
dann aber, dann wurde sie munter.
Sie machte einen Buckel, und dann,
dann lief sie, dann lief sie hinunter.
Das sollte sie nicht! Jetzt fing sie gar an,
da unten herumzukriechen!
Man stürzte herbei. – Doch es war schon passiert.
Man konnte es lange noch riechen.

Qu-, B-, F- und S-

Die Qu- springt vergnügt
aus dem Hügel, blitzblank.
Der B- läuft durch Feld und Wald,
der F- zieht durchs Land.
Der S- kriecht dem Meer entgegen,
trüb, müd und krank.

Steck ein e
in zwei mal fünf.
Was sich ergibt,
steck in die Strümpf'!

Steck's in die Strümpf',
wenn es sein muß.
Doch wenn's sein kann,
dann geh barfuß.

Auf einer Ebene, riesig und glatt

Auf einer Ebene, riesig und glatt,
wächst kein Busch und steht keine Stadt.
Auf dieser Fläche, der weiten,
kannst du weder radeln noch reiten.

Doch ruht sie so still nur bisweilen.
Oft wird sie lebendig, dann eilen
Hügelketten donnernd dahin;
in endlosen Reihen siehst du sie ziehn.

Wie aus einer Wespe eine Biene wird,
wenn man immer einen Buchstaben ändert

Ich steh im Garten,
da kommt eine müde WESPE
und ruht sich aus
auf meiner schönen WESTE.

»Ist meine Brust ein Parkplatz?«
rufe ich. »Es ist das BESTE,
du fliegst hinüber zu den Blumen!
Schau, dort sind die BEETE!«

Doch ihr gefällt's bei mir.
Was mache ich? Ich BIETE
ihr meinen Finger an. Sie steigt hinauf,
und ich blas fort die – BIENE.

Dort, wo's keine Straße gibt ...

Dort, wo's keine Straße gibt,
ohne Räder fahr ich da
mit meinem . oo . ,
mit meinem . ah . !

Schön geschaukelt fahr ich froh
über tausend Hügel so
mit meinem . ah . ,
mit meinem . oo . !

Kommst du ihr zu nahe ...

Wenn du sie nicht kennst,
lernst du sie leicht kennen.
Kommst du ihr zu nahe,
dann wird sie dich brennen.

Sie ist nicht glutrot,
sie ist grün und kühl
und macht uns doch manchmal
ein heißes Gefühl.

Heimat für viele

Er ist eine Welt aus Bäumen.
Eine Welt, in der Lieder erklingen.
Er ist eine Heimat für viele,
die klettern, krabbeln und springen.

Buchstaben hat er vier.
Fehlte der letzte, was bliebe da noch?
Im Meer ein Riesentier.
Es ist ein Fisch und keiner doch.

Kleine Rechnerei

Es wurde Nacht, und Herr Pfundreich,
der einsam bei dem Klavier auf der Straße
stand, rief verzweifelt:
»Will mir denn niemand tragen helfen?«

Das geschah am letzten Tag des Monats. In dem Satz
stecken sechs Zahlen. Zähl sie zusammen, dann erfährst
du, der wievielte Tag es war und in was für einem Jahr.

TROPS NIE TSI NETARLESTÄR

TROPS NIE TSI NETARLESTÄR.
Fällt dir diese Sprache schwer,
frage eine kluge Fee.
Dann wird dir dieser Rat zuteil:
NETNIH NOV ZTAS NESEID SEIL!

Ein Haus ohne Türen

Ein Haus ohne Türen,
rundlich und klein.
Da wohnt jemand drinnen!
Wie kam er hinein?

Aus dem Haus ohne Türen,
wie kommt er hinaus?
Zu Scherben zerbricht er
sein rundliches Haus.

Aus 5 mach 6

GRILLE
EUROPA
MAST
STRUMPF
EHERING

Nimm von jedem Wort einen Buchstaben
weg, so daß 5 neue Wörter übrigbleiben.
Die weggenommenen Buchstaben ergeben ein Tier.
Wo es herumspringt, hat es gute
Luft und herrliche Aussicht.

Ein Lustiger

Sie fliegen in der Nacht herum.
Er zeigt dir dein Gesicht.
Zusammen sind sie ein Lustiger,
der stellte sich dumm
und war es nicht.

Du kennst ihn gut,
den Katzenfeind.
Mit ihm sei, denk dir,
ER vereint,
dazu, was bleibt
(wie jeder weiß),
macht man aus LAUT
nicht kalt noch heiß.
Die Lösung schreib,
ich stell's dir frei,
mit sieben Zeichen
oder drei.

Fragst du noch:
»Was soll das bedeuten?«
– zähl die Zehen
von zehn Leuten!

Jahr für Jahr

Mit großer Pracht war sie gemacht
aus Gold und Edelsteinen.
Von hohen Herrschern zierte sie
immer nur den einen.

Das selt'ne Ding ist irgendwo
noch hinter Glas zu sehen.
Doch Jahr für Jahr seh ich sie auch
in meinem Garten stehen.

Sie wuchs hervor: Schön steht sie da,
aufrecht, stolz und still,
viel höher als die Tulpen noch,
im Frühling, im April.

Da liegt was

Da liegt was,
das gehört mir.
Bist du stark?
Heb's auf!
Du kriegst tausend Mark.

Wie heißen die beiden?

Weiß ist die Welt,
verschneit ganz und gar.
Auf der Fensterbank
sitzt ein Ehepaar.

Sie sitzen da draußen
und knabbern Kerne.
Sie kamen schon oft,
sie besuchen uns gerne.

Den Mann anzusehen,
ist eine Lust:
So herrlich rot
leuchtet seine Brust!

Schlichter gekleidet,
vorn bräunlich grau
ist seine Gefährtin,
seine liebe Frau.

Tausch

Als ich noch klein
und rundlich war,
da hab ich's noch besessen:
im Monat Mai,
da hatt' ich's noch:
mein Schwänzlein!
Unterdessen
hab ich mir andres zugelegt:
vier Beine.
Diese Dinge
sind auch was wert.
Jetzt mache ich
gewaltig große Sprünge.

Der eine frißt, der andre nascht

Sie heißen beide gleich,
die beiden, die ich meine.
Der eine heißt ganz einfach so,
zum andern sagt man: der Kleine.

Mäuse frißt der eine,
auch Hasen (wenn er sie kriegt).
An Blüten nascht der Kleine,
der durch den Sommer fliegt.

Bitte, bitte!

Den mit »a«
trägt jeder Mensch
mitten in der Mitte.
In dem mit »e«
fahr der, der fährt,
langsam, bitte, bitte!

In Ehren

Erst kriegt' ich armer Schnuckel
Spucke auf den Buckel,
drauf hat einer mit Gewalt
mir eins vor die Brust geknallt.

Ich konnte mich nicht wehren.
Doch jetzt steh ich in Ehren,
darum, weil ich immerhin
schließlich was Besondres bin.

Ein hübsches Stück Papier

Den STAU lös auf,
der so sehr stört;
das END rück hin,
wo's hingehört.

Das Ganze steh
als schönste Zier
auf einem hübschen
Stück Papier.

Ist dies ein leerer
Schein dir noch:
Leibhaftig werd's –
ein Schein sei's doch!

Auflösungen

Seite 44   oben: Bonn/Bonbon
unten: Messer

Seite 45   oben: ROT/TOR
unten: Heupferd(chen)

Seite 46   Ball

Seite 47   Fisch

Seite 48   Seife

Seite 49   oben: VORN/ZORN
unten: Specht

Seite 50   oben: Trichter
unten: Osten/Süden/
Westen/Norden

Seite 51   Gespenster huschen um
die Burg
im Mondschein, ihre
Hemden wehn!
Der Waldkauz schreit! –
Wie sonderbar!
Was ist da los? Was ist
geschehn?
Es stehn verkehrt am
falschen Platz
Buchstaben da und dort
Wer hat's erlaubt?
Scheuch sie geschwind
zurück an ihren Ort!

Seite 52   Die Milch ist übergelau-
fen.

Seite 53   oben: Quelle/Bach/
Fluß/Strom
unten: zehn/Zehen

Seite 54   Meer

Seite 56   Boot/Kahn

Seite 57   Brennessel

Seite 58   Wald/Wal

Seite 59   Es war am 29. Februar,
in einem Schaltjahr.

Seite 60   oben: Rätselraten ist ein
Sport./Lies diesen Satz
von hinten.
unten: Vogelküken im Ei

Seite 61   GEMSE

Seite 62   Eulenspiegel

Seite 63   HUND-ER-(LAU)T/100

Seite 64   Kaiserkrone

Seite 65   Schatten

Seite 66   Gimpel/Dompfaff

Seite 67   Kaulquappe/Frosch

Seite 68   Fuchs/Kleiner Fuchs (ein
Schmetterling)

Seite 69   oben: Nabel/Nebel
unten: Briefmarke

Seite 70   TAUS-END/Tausend-
markschein

Inhalt
Nach Überschriften und Gedichtanfängen geordnet

73

Helga Gebert
Das große Rätselbuch
Mit vielen Bildern
120 Seiten, Gulliver-Taschenbuch (78010)   *ab 8*
Alle Rätsel, die man sich denken kann: Bilderrätsel, Buchstabenrätsel,
Fehlerbilder, Irrwege, Wortbilder, Scherzfragen …

Josef Guggenmos
Zwei mit vier Beinen
Rätsel über Rätsel. Mit farbigen Bildern von Rotraut Susanne Berner
76 Seiten, Gulliver-Taschenbuch (78070)   *ab 8*
Ganz leichte, weniger leichte und schwierige Rätsel.

Paul Maar
Dann wird es wohl das Nashorn sein
Rätselhaftes ABC. Mit teils vierfarbigen Bildern von Paul Maar
64 Seiten, Gulliver-Taschenbuch (78033)   *ab 6*
Bilder und Verse aller Art, dazu Auszähler, Nasenzupfverse, Rätselbilder, Comics,
Buchstabengeschichten.

Walter Moers
Die Schimauski-Methode
und andere sensationelle Entdeckungen des erstaunlichen
Prof. Dr. Albert Schimauski. Vierfarbige Bildergeschichten
56 Seiten, Gulliver-Taschenbuch (78025)   *ab 10*
Schimauskis Methode ist großartig. Schimauski ist überall.
Schimauski ist sensationell!

Andreas Röckener
Röckener's GECKO (1)
Mit teils vierfarbigen Bildern
64 Seiten, Gulliver-Taschenbuch (78065)   *ab 8*
Geschichten, Cartoons, Witze, Blödel-Ei, Daumenkino, Rätsel, Zauberei – Gecko
für Kinder in den besten Jahren. Alles ganz schön dummschlau & dreist!

Gullivers Taschenbücher bei Beltz & Gelberg
Postfach 1001 54, 6940 Weinheim